Observations Générales

SUR LA RÉDUCTION

DES INTÉRÊTS PAYÉS PAR L'ÉTAT,

ET

SUR LA MARCHE DU MINISTÈRE.

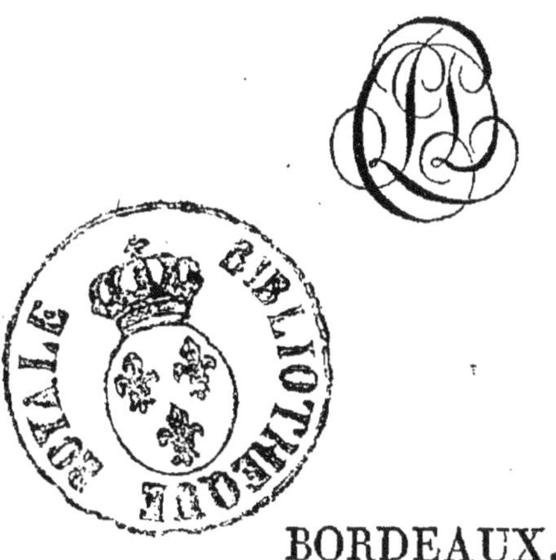

BORDEAUX.

IMPRIMERIE DE P. COUDERT, RUE SAINT-REMY, N.º 41.

MAI M. DCCC. XXIV.

Observations générales

SUR

LA RÉDUCTION DES INTÉRÊTS PAYÉS PAR L'ÉTAT,

ET

SUR LA MARCHE DU MINISTÈRE.

DE la Diminution de l'intérêt de la dette publique. Tel est le titre d'une brochure qui vient de paraître à Bordeaux. Essentiellement approbatrice du projet de loi présenté par M. de Villèle, elle a pour but de réfuter les articles que nous avons publiés dans l'*Indicateur.* L'auteur de ces articles ne croirait pas devoir répondre à cette brochure, si elle émanait d'un écrivain ministériel, ainsi qu'on pourrait le croire en la lisant. Mais comme le contraire est certain, comme cet écrit sort d'une plume respectable par ses bonnes intentions, il mérite et nécessite quelques mots de réponse.

Avant d'entrer dans cette discussion, nous la ferons précéder d'une observation importante. Nous sommes peinés que, pour aborder une question financière, l'auteur de cette brochure soit sorti du terrain des réalités pour entrer dans un pays d'illusions. Il aurait dû prévoir, cependant, que tout le monde lui reprocherait un aveuglement volontaire dans l'interprétation évidemment fausse qu'il donne au discours de la Couronne. Selon lui, *fermer les dernières plaies de la révolution*, ce n'est pas indemniser les émigrés de leurs pertes, mais c'est diminuer le fardeau des charges publiques.

Or, personne n'a encore entendu et n'entendra cette phrase dans ce sens. Les royalistes et les libéraux sont d'accord sur sa véritable signification : d'ailleurs, la phrase même, en la citant entière, ne permet pas le moindre doute, puisque *fermer les plaies de la révolution*, et *diminuer les impôts*, y sont deux choses positivement distinctes et différenciées. Pourquoi donc les confondre sans motifs et contre toute raison? Si l'économie injuste de 28 millions que l'on veut faire sur les intérêts de la dette publique n'avait pour but que d'amener un dégrèvement de pareille somme sur l'impôt annuel de la propriété foncière, on pourrait, avec quelqu'apparence de bon droit, soutenir cette mesure, quoiqu'en réalité elle n'en fût pas moins vicieuse et fausse, ainsi que nous aurons occasion de le démontrer tout à l'heure. Mais, encore un coup, telle n'est point l'intention des ministres, et, si nous ne nous trompons, voici la pensée secrète qui les a guidés.

Indemniser les émigrés est pour nous, se sont-ils dit, une nécessité de notre situation politique. Notre majorité dans la chambre, et surtout dans notre parti, est à ce prix.

Où prendre les fonds pour subvenir à cette indemnité?

Augmenter l'impôt foncier? C'est impossible. Notre système, les relations de notre diplomatie, nos lois de douanes, ont ruiné les propriétaires ; leurs domaines sont sans revenu. Augmenter l'impôt, exciterait une clameur universelle.

Augmenter les droits de consommation acquittés par le commerce? C'est impossible ; ils sont déjà au-dessus de tout équilibre : ils ont amené la décroissance des affaires et la stagnation des capitaux. Nous serions encore en butte à l'improbation générale.

Que faire donc ? Écoutez-un peu, aura répondu M. de Villèle. N'avons-nous pas les rentiers sous la main ? N'est-ce pas la classe la plus heureuse, puisque ses capitaux ont augmenté et que ses revenus n'ont pas diminué ? Pourquoi seraient-ils, dans la réduction générale, les seuls épargnés ? En les attaquant seuls, nous n'aurons contre nous qu'une plainte partielle, et nous persuaderons aux agriculteurs et aux commer-çans, que nous sommes guidés par leurs in-térêts, que nous les protégeons spéciale-ment ! Les plaintes seront donc bientôt étouffées ; et, réduisant tout le monde au même degré de ruine, nous pourrons, par l'adresse de ce procédé, nous vanter d'être les auteurs de la prospérité publique !

C'est ainsi qu'aura raisonné l'homme es-sentiellement *fin* qui dirige presque seul nos destinées, et l'auteur de la brochure semble prouver qu'il a eu raison de compter, pour le succès de sa ruse, sur la crédulité publique, sur la puissance des mots, sur cette facilité que nous avons en France à pallier les fautes du pouvoir, quand il peut nous persuader que ce n'est pas nous qui en sommes personnellement victimes.

La mesure financière doit être examinée sous trois faces : sa justice et sa légalité, sa convenance et son utilité, enfin son but, l'emploi des fonds qui en proviendront.

Nous n'avions jusqu'à ce moment examiné que sa convenance et son utilité; mais puisque pour répondre à la réfutation qu'on nous adresse il faut s'expliquer sur le tout, nous dirons que la mesure est illégale et injuste, et que l'emploi présumé des fonds est excessivement impolitique.

La mesure est illégale et injuste, en ce que, par la menace d'un remboursement impossible, elle oblige le rentier à perdre le cinquième d'un revenu que la foi publique lui a garanti.

Vainement, dira-t-on qu'on lui rend plus que le titre ne lui a coûté : d'abord le fait est faux ; vous partez de la supposition que les titres sont encore entre les mains des contractans des emprunts ; et depuis qu'ils leur furent donnés, ils ont vingt fois changé de mains; ils ont peut-être coûté 105 fr. aux possesseurs actuels. Vous établissez un prix commun par comparaison de tous les cours qui ont eu lieu! Est-ce ainsi qu'on raisonne quand il s'agit d'une propriété particulière ? Et qu'importe à celui qui a payé 105 fr. que d'autres aient traité à beaucoup meilleur marché ?

Chacun s'occupe de soi et de sa propriété, et, dans un cas pareil, il n'y a point de moyenne proportionnelle à fixer.

Mais, de plus, quand le fait serait vrai, n'est-il pas évident qu'en donnant un titre de 5 fr. de rente pour 50 fr., pour 70 fr. qu'il recevrait, le gouvernement a vendu un effet qui, loin d'être fixe, représentait seulement l'équilibre des chances bonnes ou mauvaises que l'on courait en traitant avec lui? Ce titre n'avait pas une valeur *certaine* comme celle des contrats entre particuliers, avec lesquels on établit une comparaison fausse de tous points. Il était une sorte de fiction susceptible de hausse et de baisse selon le plus variable de tous les changes, le thermomètre politique. Le porteur pouvait le voir tomber à 40, à 30, à 20 francs, à rien. Il pouvait une seconde fois voir réduire sa fortune des deux tiers; il pouvait même tout perdre si les circonstances devenaient trop mauvaises; par compensation, toutes les chances favorables ont dû lui être acquises. Ces chances sont l'exécution fidèle de vos promesses, l'existence de la caisse d'amortissement, seul mode d'extinction de la dette stipulé avec vous, non à un cours idéal qu'il vous plait de fixer à 100 fr., mais par achat au cours réel du marché. Ces chances sont le paiement intégral de la rente qu'on lui a promise ; ces chances sont le droit de profiter de toutes les hausses possibles, et si son titre est susceptible de valoir 120 fr., ainsi que M. le ministre des finances en convient, c'est 20 fr. que vous lui prenez injustement en l'obligeant d'accepter 100 fr., sous prétexte que c'est le pair. Que signifie ce mot : *le pair?* Rien ; le pair véritable d'un objet dans le commerce, c'est sa valeur vénale au moment où on l'achète. Le pair de la rente n'est pas plus 100 fr. que 50 fr., que 120 fr. Nous aimerions autant voir fixer le pair d'un quintal de café que le pair de la rente. L'un ni l'autre n'ont une valeur certaine ; les chances du commerce ou du crédit décident tout ; et il n'y a pas plus de raison pour établir le *maximum* de la rente à 100 fr., qui n'ont jamais été comptés, qui n'ont jamais été exigibles, ni par le débiteur ni par le créancier, que pour établir le *maximum* du café à 100 fr. Tout *maximum* d'un objet livré à la spéculation est une injustice et un non-sens.

En vain dira-t-on, le titre primitif porte cinq pour cent. Que nous fait cette énonciation contraire à la vérité, et qui n'est que l'effet d'une vieille routine ? Pourquoi ne citez-vous pas l'énonciation entière: cinq pour cent *consolidés?* Que signifie ce mot consolidé ? signifie-t-il, par hasard, que cinq doit être réduit à quatre ? Il ne faut désespérer de rien avec le dictionnaire administratif! et d'ailleurs c'est dix pour cent qu'il fallait mettre quand vous traitiez à 5o fr.; c'est 6 fr. 25 c. qu'il fallait mettre quand vous traitiez à 8o fr., car tel était le taux véritable auquel vous empruntiez. Pour dissimuler votre mauvaise position et la défaveur de vos finances, vous avez énoncé un faux intérêt : un faux énoncé ne prouve rien.

Et s'il est vrai que les conventions doivent s'interpréter par les intentions des contractans au moment où ils s'engageaient, oseriez-vous soutenir qu'au moment des emprunts l'idée du remboursement fût un élément du contrat ? Sa possibilité existait-elle dans la pensée du vendeur, dans celle de l'acheteur ? Le rachat de la dette était-il prévu autrement que par la caisse d'amortissement ? Non, vous n'oserez-pas le soutenir.

Vous dites, après M. de Villèle, que

rendre aux rentiers un capital plus fort que celui qu'ils ont prêté, ce n'est pas les ruiner ; et nous vous répondrons que cette phrase ministérielle n'est qu'une inconvenante ironie. Nous vous répondrons que la fortune d'un homme ne dépend pas de son capital, mais de son revenu : il est plus riche avec cinq francs de rente qu'avec quatre, quel que soit le capital, s'il n'en a pas d'autre emploi. Il en est de même pour les propriétés foncières. Si le domaine qu'il possède rend dix mille francs de rente, et que, par une mauvaise politique vous réduisiez ce revenu à 5,000 francs, vous le ruinez de moitié, quoique sa propriété matérielle n'ait pas changé.

Mais, peut-être, direz-vous que si l'on avait offert alors aux prêteurs l'assurance du remboursement de 100 fr. qu'on leur présente aujourd'hui, ils l'auraient acceptée avec joie ; rien de plus certain : et pourquoi ? parce que les circonstances qui leur rendent aujourd'hui ce remboursement onéreux, n'existaient pas alors ! parce que surtout en dénaturant le caractère du contrat, cela aurait anéanti de suite la possibilité de toutes les mauvaises chances qu'ils ont couru.

Vous leur auriez offert 100 fr. au lieu de 50, 60, 70 fr. que valait leur titre ; tout aurait été bénéfice pour eux dans cette transaction. Vous leur offrez maintenant 100 fr. au lieu de 110, 120 fr., que vaudrait la rente, de votre aveu, sans le projet actuel : tout est perte pour eux, et vos inductions sont entièrement fausses.

La rente est une sorte de loterie. Quand un billet a gagné, exigeriez-vous qu'on le vendît au-dessous de ce qu'il produit, sous prétexte qu'il a coûté primitivement beaucoup moins ? Mais, s'il avait perdu, auriez-vous remboursé le coût primitif ?

Comparer un contrat aléatoire, qui ne vend pas une chose, mais une chance ; un titre de rente publique contraire à toutes les dispositions du droit civil dans toutes ses conditions ; un titre enlevé à la juridiction des tribunaux, puisqu'il ne donne aucune action contre le débiteur ; un titre, qui ne représente d'autre valeur certaine que la rente ; le comparer à un contrat entre particuliers pour le faire rentrer dans le droit commun, sous le seul rapport du remboursement forcé, c'est un contre-sens et une injustice choquante. Si le gouvernement reconnaissait l'empire du droit commun quand ce droit décide contre lui, il aurait la juste faculté de l'invoquer quand il lui est favorable. Mais il n'en est point ainsi; le gouvernement se place toujours dans un droit exceptionnel; et quand on voit la discussion relative aux papiers de M. Cambacérès, enlevée aux tribunaux et aux lois civiles, peut-on admettre que le gouvernement arguë du code civil contre ses créanciers ?

Le gouvernement voudrait réclamer contre ses créanciers l'application de l'article 1911. -- Mais, pour qu'il y eût dans ce procédé l'ombre de la justice, il faudrait que le créancier pût invoquer, contre le gouvernement, l'art. 1912, qui condamne le débiteur à rembourser la rente, s'il cesse de remplir ses obligations pendant deux ans, ou s'il manque à fournir aux prêteurs les sûretés promises par le contrat. —Or, y a-t-il la moindre possibilité d'appliquer l'art. 1912 contre le gouvernement ? N'est il pas évident qu'il ne l'a jamais souffert, qu'il ne le souffrira jamais; et si, par exemple, il supprimait la caisse d'amortissement, qui est bien une *des sûretés promises par le contrat*, les porteurs de rente auraient-ils un moyen quelconque de l'o-

bliger au remboursement ? Non, jamais.
De sorte que le gouvernement veut s'arroger
contre son créancier l'exercice du droit
civil, exercice qui est refusé au créancier
contre lui ! Il faut que l'art. 1911 régisse
la rente publique, et qu'elle échappe à l'art.
1912 ! C'est une singulière manière d'appliquer les lois, que de choisir les articles qui
vous sont favorables, et de répudier les autres ! Et n'est-il pas évident que vous ne
sauriez avoir contre les particuliers les droits
qu'ils ont entr'eux, parce que vous n'avez
pas les mêmes obligations.

Tous les raisonnemens employés pour
soutenir la justice et la légalité de la mesure, sont donc illusoires et peu fondés.
Si l'on examinait le côté politique de l'article 1911, que l'on cite, on serait encore
plus convaincu qu'il n'est pas applicable.
La disposition de cet article, qui rend les
rentes perpétuelles *entre particuliers* ra-
chetables, a eu pour but d'empêcher le
retour des anciennes rentes féodales, et
voilà tout : certes, cela est tout à fait
étranger à la question ; et par l'application
qu'on veut faire de cet article, la féodalité
serait plutôt favorisée que restreinte ; car,
quoiqu'en dise l'auteur de la brochure,

tout le monde sait quels intérêts seront favorisés par l'emploi des 28 millions de rente que l'on retranche aux rentiers.

Quant à cet emploi il serait aujourd'hui prématuré de s'en occuper et d'en exposer les inconvéniens; il sera soumis aux chambres, dans un projet de loi : alors viendra le moment de le discuter.

Examinant maintenant la brochure, en ce qui a trait aux doctrines que nous avions exposées, nous la trouvons bien forte d'assertions, et bien faible de preuves. L'auteur affirme (page 13) que *les capitaux refouleront vers l'agriculture et le commerce.* Mais qu'elle preuve en donne-t-il? aucune. Nous avions cependant démontré l'impossibilité de ce résultat par des raisonnemens qui, ce nous semble, avaient quelque force et quelque clarté ; nous avions ajouté, et c'était le point important, que les capitaux n'avaient quitté l'agriculture et le commerce, que parce qu'ils n'y trouvaient plus d'emplois suffisans, et que, par conséquent, il était inutile de leur rendre des capitaux qui les quitteraient de suite une seconde fois, si de nouveaux débouchés et de nouveaux emplois n'étaient pas établis.

Nous demandons la permission de citer nos propres paroles :

« Et, maintenant, passant même à la
» supposition que la mesure proposée,
» pût faire refouler les capitaux vers le
» commerce et la propriété, nous pensons
» qu'ils n'éprouveraient aucune améliora-
» tion tant que nos relations politiques et
» commerciales n'éprouveraient aucun
» changement. Ce n'est pas précisément
» faute de capitaux que le commerce et l'a-
» griculture languissent, le taux de l'agio en
» fait preuve; c'est faute de *débouchés*, faute
» d'*emplois*, comme nous l'avons établi
» déjà. Et cette manière nouvelle de con-
» sidérer la question nous semble la [seule
» véritable. Mettez dix millions de plus en
» numéraire sur la place de Bordeaux, sans
» augmenter nos relations commerciales,
» vous ruinerez les capitalistes déjà exis-
» tans, sans enrichir ceux qui nous appor-
» teront les capitaux qu'ils auront retirés
» des fonds publics, et qu'ils ne pourront
» utiliser; ce qui les déterminera à ne
» leur laisser faire qu'un court séjour sur
» notre place. Nos produits territoriaux,
» nos vins, par exemple, ne se vendront
» pas plus cher qu'avant, car leur prix

» s'établit, non en proportion de l'argent
» qui existe à Bordeaux, mais en propor-
» tion du prix auquel on peut espérer les
» vendre chez l'étranger. La terre alors aug-
» menterait difficilement de valeur, puisque
» son revenu n'augmenterait pas, et lors
» même que la présence d'une masse plus
» forte de capitaux ferait monter le prix des
» terres, cette hausse serait illusoire, puis-
» que, par compensation, le vendeur se
» trouverait possesseur d'un capital dont
» l'intérêt aurait diminué dans la même
» proportion : quel avantage d'ailleurs re-
» tirerait l'état d'une transaction où le
» capitaliste acquerrait une terre sans re-
» venu, et le propriétaire un capital sans
» emploi ? Ces objets changeraient de
» mains, et n'acquerraient aucune valeur
» de plus. Ainsi, par un étrange et juste
» résultat de l'état de mensonge où l'on
» a mis la société, vous aurez à la fois
» les inconvéniens de la surabondance
» des capitaux et de la nullité des pro-
» duits ! Millionnaires et misérables tout
» ensemble, vous reconnaîtrez enfin que
» la seule richesse des nations, est leur
» travail protégé par des lois libérales.
» Vous apprendrez que le seul moyen

» d'attirer utilement les capitaux vers l'a-
» griculture et le commerce, et de les y
» fixer, c'est d'ouvrir à l'agriculture et au
» commerce des voies favorables, où ils
» puissent marcher avec sécurité ! c'est
» de ne pas leur fermer de vastes conti-
» nens, où ils pourraient écouler leurs
» produits, et qui sont livrés à une puis-
» sance rivale ! c'est de ne pas séparer
» les peuples les uns des autres par des
» remparts de douanes, barrières impéné-
» trables à l'industrie, système insensé,
» qui rend les relations onéreuses et les
» échanges impossibles ! c'est de ne pas
» tenir les gouvernemens en méfiance
» perpétuelle des gouvernés, et de renon-
» cer au système des priviléges pour ren-
» trer dans celui des intérêts communs
» et égaux ! c'est, enfin, de n'avoir plus
» besoin, pour appuyer les projets d'une
» politique désastreuse, de deux millions
» cinq cent mille hommes armés en Europe,
» dans un temps de paix : fatal dévelop-
» pement de forces, qui absorbe annuel-
» lement le revenu territorial de tous les
» états, et leur rend indispensable ce
» vaste ensemble des exigeances du fisc,
» et des capitaux trompeurs produits par
» l'abus du crédit public !

L'auteur prétend (page 10) qu'à *Bordeaux comme à Lyon*, *à Paris comme à Marseille*, *l'argent abonde de* 2 1/2 *à* 3 *pour cent* pour toutes les bonnes signatures ; mais s'il en est ainsi, c'est parce que, sur ces places, il y a ou trop d'argent, ou pas assez d'affaires ! quel besoin avez-vous donc d'y envoyer de nouveaux capitaux ?

Un système faux amène nécessairement de nombreuses contradictions : après avoir dit (page 10) que l'argent abonde de 2 1/2 à 3 pour cent, et que, par conséquent, l'état a le droit de réduire à 4 pour cent l'intérêt qu'il paie, l'auteur prétend (page 14) que le *négociant* et le *manufacturier* ne peuvent s'en procurer *qu'à* 5 *ou* 6 *pour cent*, et que la mesure financière qui fera baisser le taux de l'intérêt, leur sera très-profitable sous ce point de vue.

Cependant il faudrait tâcher d'être d'accord avec soi-même. Si l'argent est partout à 2 1/2 ou 3 pour cent, comme vous le dites (page 10), quel besoin avez-vous d'une mesure financière pour opérer dans les transactions privées une baisse d'agio qui existe déjà ?

Mais si, au contraire, le négociant et le manufacturier ne peuvent trouver d'argent qu'a 5 ou 6 pour cent, comme vous le soutenez (page 14), quel droit a l'état d'arguer d'une baisse qui n'existe pas dans les transactions privées, pour réduire de son côté l'intérêt de sa dette à 4 pour cent?

Il est évident que vous vous trompez matériellement dans l'une ou dans l'autre de vos assertions, et probablement dans toutes les deux.

Cette contradiction et toutes celles qui suivent proviennent d'une seule erreur, mais elle est capitale, c'est de vouloir considérer la hausse des fonds publics comme une *cause*, tandis qu'elle n'est qu'un *effet*. Ce n'est point, comme le dit l'auteur (page 14), parce que les fonds publics ont haussé, que l'intérêt a baissé dans les transactions privées : c'est précisément tout le contraire ; c'est parce que le revenu des terres a été nul, parce que le commerce a présenté de mauvaises chances, parce que l'industrie n'a pu employer les capitaux qu'en payant un faible intérêt, que l'argent s'est porté vers les fonds publics, qui offraient un plus grand revenu : c'est donc la ruine générale qui, dans les circonstances où nous sommes placés, a produit cette hausse démesurée, encore excitée par les manœuvres des joueurs publics ou privés !

Nous saisissons l'occasion d'observer que la réduction de l'intérêt des fonds publics pourrait, sinon leur arracher les capitaux, qu'ils ont déjà absorbés, ce qui occasionnerait une baisse que le gouvernement a pour but de rendre impossible, au moins empêcher les progrès du mal dans l'avenir, si toute fois l'agiotage n'augmentait pas ; mais cet avantage de la réduction de l'intérêt payé par l'état, ne provient pas de la mesure financière : la nature des choses l'a seule amené. A 100 fr., les fonds ne donnaient que 5 pour cent ; ils étaient venus au-dessus de 100 ; M. de Villèle est convenu, que sans sa loi, ils auraient encore haussé : il seraient maintenant de 115 à 125 ; or, à ce taux, ils ne rendraient qu'un faible intérêt ; à 112 fr. 50 c. ils ne donneraient que 4 fr. 44 c ; à 125, que 4 pour cent. Pourquoi donc, puisque ce résultat était inévitable, puisque, selon le ministre lui-même, il ne fallait pour y arriver qu'un peu de temps et de patience, le forcer tout à-coup par une mesure violente, nécessairement injuste, puisqu'elle agit sur le passé au lieu d'agir pour l'avenir, et quelle ruine d'un cinquième, *les rentiers qui ont contracté sans la prévoir* ?

Ici se présenterait une question très-importante. Dans l'état de civilisation où est la France, est-il utile que le taux de l'intérêt soit maintenu aussi bas qu'il l'est aujourd'hui ? nous n'hésitons pas à répondre, NON. Cet état de choses qui, selon vous, favorise la production des terres et de l'industrie , nuit à la consommation dans une proportion beaucoup plus forte, et voilà ou est notre véritable plaie. En vain vous vous écriez (page 16): que les fermiers amélicreront leurs terres, qu'elles produiront davantage , *et que l'augmentation des produits augmentera la consommation.* Cela est matériellement faux, cela est impossible a soutenir : la consommation dépend des besoins du consommateur , et surtout de *ses revenus.* La trop forte diminution de l'intérêt anéantit les revenus d'une classe immense, et lui ôte les moyens de consommer ce qu'elle ne peut payer ; car, dans votre bizarre prospérité, vous ne voudrez pas sans doute la condamner au bonheur de *manger son capital* ? Si donc celui qui a 100 mille francs de capital , au lieu de cinq mille francs de revenu n'en a que trois, sa consommation doit forcément diminuer des deux cinquièmes ou il se ruine. Il est donc vrai de dire que la baisse de l'intérêt, même dans *les transaction privées*, peut être un grand mal !

Quoi ! vous avez pu écrire : *l'augmentation des produits augmentera la consommation* ! Eh ! bon Dieu ! qui ne reculerait devant une pareille thèse ? et si l'effet de la mesure financière était ce que vous dites, s'il augmentait les produits matériels de votre agriculture, qu'en feriez-vous ? Celui qui ne peut pas vendre cette année cinquante tonneaux de vin au plus vil prix, les vendrait-il mieux s'il en avait cent ! Nous ne pensions pas que la magie du ministère pût aller jusqu'à faire adopter de pareilles croyances !

Voulez-vous sortir de ce dédale de fictions contradictoires ? rentrez dans la vérité. La voici : changez de système politique, diminuez vos droits, établissez des débouchés ; alors l'intérêt de l'argent, au lieu de diminuer, *haussera*, et tout le monde s'en trouvera bien, car les produits hausseront aussi, dans le double rapport de la consommation locale et des exportations. Mais, diminuer forcément l'intérêt de l'argent, c'est au mal que l'on a fait, ajouter une nouvelle calamité!

En partant des mêmes principes, vous verrez que le dégrèvement de l'impôt foncier, fût-il réel, comme vous vous obstinez à l'espérer malgré l'évidence, la mesure financière ferait encore peu de bien, même à l'agriculture. Examinez ce département; il vous sera facile de voir que telle propriété, dans les valeurs moyennes des terres, produit annuellement 5o tonneaux de vin, et est imposée 3oo fr. Admettez un dégrèvement de 10 pour cent: c'est beaucoup! c'est plus que vous n'aurez jamais! Quelle faveur accordez-vous au propriétaire? 3o fr. par an! et dites-le nous, au nom du ciel! que lui importe ce misérable dégrèvement, si, en diminuant le prix de sa récolte par un système financier et politique qui anéantit à la fois la consommation de ses produits et l'exportation, vous lui faites perdre seulement 4o fr. par tonneau de vin, ce qui est très-facile, c'est-à-dire 2,000 fr., en échange des 3o francs dont vous le gratifiez? Certes, on ne peut être généreux à meilleur marché.

L'auteur n'emploie qu'une seule assertion pour démontrer que nous nous sommes trompés dans notre système. Notre erreur provient, dit-il, de ce que nous avons considéré les rentes comme presque toutes flottantes, tandis que la *majeure partie est et restera casée* (1).

Il nous semble, au contraire, que nous avons très-clairement prouvé que les casemens de rente, loin d'être favorisés par la mesure financière, devaient considérablement diminuer, et que l'agiotage devait augmenter dans la même proportion.

L'agiotage a pour but le gain sur la revente du titre; le casement a pour but la conservation du titre pour en toucher les revenus. Vous augmentez le capital et les chances de hausse sur la vente du titre, et vous diminuez le revenu d'un cinquième; vous excitez donc à l'agiotage, et vous dégoûtez du placement réel. Telle était la

---

(1) En supposant la rente flottante à 18 millions, selon le calcul de M. Méchin, on voit encore l'énorme capital qui doit rester présent pour la soutenir au-dessus de 100 fr. Si le projet de loi passe tel quel, la dette flottante, au lieu d'être de 18 millions, sera probablement double dans deux ans.

substance de notre raisonnement; l'auteur n'y répond rien : il se contente d'énoncer une assertion contraire. Nous n'avons donc rien à lui répliquer.

L'auteur ajoute *qu'une rente qui hausse entre les mains de son propriétaire, n'absorbe pas un numéraire effectif plus considérable;* rien n'est plus vrai : mais cela n'est pas la question. Il fallait examiner si, pour faire cette hausse, il n'a pas fallu qu'une quantité de numéraire plus forte, fût absorbée par la dette flottante ! Or, le fait est certain. Ce n'est pas parce que la rente casée est plus haute qu'elle absorbe plus de numéraire, mais c'est parce que la dette flottante a absorbé plus de numéraire que le tout a haussé. Il fallait examiner maintenant si ce numéraire peut abandonner la rente flottante, sans amener une baisse proportionnée sur le cours des fonds publics; nous avions traité cette question, nous nous flattions que la solution en était évidente : l'auteur ne répondant pas un mot, nous nous croyons dispensé de répéter ce que nous avons déjà dit.

L'auteur voit encore un avantage très-grand dans la mesure financière; c'est que le gouvernement pourra faire ses em-

prunts à meilleur marché : nous recon-
naissons la vérité de ce fait. Mais la hausse
des fonds toute seule avait le même résultat,
qui, selon nous, est plus funeste que dé-
sirable. Dans les dispositions peu cons-
titutionnelles de la politique européenne,
nous croyons que les peuples auront plus
à gémir qu'à se féliciter de cette facilité
que les gouvernemens ont à puiser dans
l'avenir, les moyens de rendre leurs vo-
lontés actuelles toutes puissantes !

Quant à l'augmentation du capital de
la dette, l'auteur la regarde comme entièrement fictive, parce que la caisse d'a-
mortissement rachetera, avec 75 fr., autant
de 3 pour cent qu'elle aurait racheté de
4 pour cent avec 100 fr. Voilà qui est bien :
mais ce n'est pas l'état des choses. Il fallait
examiner si la subtilité avec laquelle on a
substitué des 3 pour cent à 75, à des 4 pour
cent à 100 fr., n'avait pas pour but et pour
effet inévitable de rendre une hausse d'a-
giotage plus facile. Or, cela est manifeste :
nous l'avions prouvé à l'avance ; M. de
Villèle l'a reconnu, quand il a avoué,
forcé de répondre à quelques objections
pressantes, que, s'il eût créé des 4 pour
cent à 100 fr., *aucune compagnie de ban-*

quiers n'aurait voulu s'en charger. Il l'a avoué, quand il a dit que les 3 pour cent à 75 fr., avaient 33 1/3 à gagner avant d'arriver à 100 fr. Nous l'avions démontré en prouvant que 5 fr. de hausse, sur les nouveaux fonds, équivalaient à 6 fr. 66 c. 2/3 sur les anciens ; il en résulte donc que la hausse, étant l'effet d'un agiotage reconnu et encouragé, rendra l'amortissement plus onéreux ; et il ne faut pas raisonner dans l'hypothèse où l'on racheterait des 3 pour cent à 75, puisqu'ils sont déjà à 82 fr. Qui peut croire que les 4 pour cent, dont personne ne veut se charger, eussent haussé dans la même proportion ?

Nous bornons là nos réponses à cette partie de la brochure. La seconde partie, celle qui a trait à la politique générale, est bien plus contradictoire encore, bien plus destructrice des principes libéraux qu'elle semble proclamer.

L'auteur a senti que, faire une apolologie si complète de l'état de la France, et de la bonté de cette mesure, dite *de prospérité*, c'était, en quelque sorte, faire l'apologie du ministère et du système qu'il a suivi depuis trois ans. Il a voulu remédier à ce grave inconvénient, et nous osons dire qu'il n'a pas atteint son but. Il n'a réussi qu'à mettre de nouveau ses contradictions en évidence. Nous n'entrerons pas dans beaucoup de détails à ce sujet, persuadés que tous les lecteurs auront fait d'eux-mêmes cette réflexion. Peu d'exemples nous suffiront pour signaler ce vice de l'écrit auquel nous répondons. L'auteur s'écrie, page 16 :

« Je le dis donc, dans l'intime convic-
» tion de mon ame et avec la plus douce
» satisfaction, une ère nouvelle se pré-
» sente en faveur de toutes les classes la-
» borieuses de la société, etc., etc. »

Mais, s'il en est ainsi, comment blâmez-vous, depuis trois ans, le système d'un ministère qui a produit un pareil résultat?

Je le blâme, répond-il, parce que ce résultat s'est opéré, non par l'effet du système ministériel, mais malgré ce système.

Quelle faible réponse, et qui ne voit combien les partisans du ministère la détruiront facilement !

Quoi ! selon vous, diront-ils, la fortune publique et privée augmente rapidement, la garantie morale des créances de l'état a doublé, l'accroissement de toutes les valeurs, l'aisance générale est dûe à l'état

de paix où nous sommes et aux progrès
de l'industrie, et vous blâmez le système
d'un ministère sous lequel s'opèrent tant
de merveilles, parce que, dites-vous, elles
s'opèrent, non par lui, mais malgré lui !
Mais, quand il en serait ainsi, vos plaintes
sont bien exagérées, et les défauts du sys-
tême ministériel bien peu allarmans, puisqu'ils n'empêchent pas le développement
d'un aussi grand bonheur ! Et qu'importe
que vous soyez heureux par lui ou malgré
gré lui, pourvu qu'enfin vous soyez heureux sous l'administration actuelle ? Ah !
que de peuples seraient moins exigeans
que vous, et béniraient un gouvernement
qui ne *ferait* pas leur bonheur, mais qui
les *laisserait* être heureux !

Voilà ce que répondront à l'auteur les
approbateurs du ministère, et il leur fait
en conscience trop beau jeu.

Il est juste de dire qu'il professe en
beaucoup d'endroits de sages maximes ;
qu'il énonce des réflexions généreuses et
solides sur les résultats de la guerre d'Es-
pagne, et qu'il donne de très-bonnes raisons pour critiquer la conduite du ministère. Mais l'effet de cette portion de l'écrit
est totalement détruit par la teinte générale

du tableau, et tout est définitivement vicié par ce trait qui le termine : « Je n'hésite » pas à le dire, ce mouvement progressif » de notre prospérité s'arrêterait; le mou- » vement rétrograde commencerait le jour » où nous aurions le malheur de voir une » main sacrilége toucher à la Charte, etc. » L'heure de la décadence de nos prospé- » rités sonnerait le jour malheureux où l'on » parviendrait, par la ruse et l'artifice,...... » à obtenir une Chambre élue par les dé- » positaires du pouvoir, etc., etc.... »

Quoi! selon vous, toute cette prospérité rétrogradera *du moment* qu'une main sacri- lége touchera à la Charte! L'heure de la dé- cadence sonnera *le jour* où la ruse et l'artifice nous auront donné une Chambre élue par les dépositaires du pouvoir! Mais, selon vous aussi, cette prospérité existe encore! selon vous, elle fait même des progrès! selon vous, *une nouvelle ère* de bonheur commence! *Selon vous,* on n'a donc encore altéré aucun des articles de la Charte? les élections n'ont donc pas été faites par les dépositaires du pouvoir? le double vote est donc constitutionnel? l'exclusion vio- lente d'un député, est donc un acte par- lementaire? le régime de l'Universisé n'est donc pas attentatoire aux droits des parens, aux droits des instituteurs, aux droits de la société toute entière. Quoi ! tout est bien, et vous vous plaignez ? vous ne tombez pas aux genoux d'un ministère sous qui tant de bienfaits fécondent la France ? Ah ! jamais écrivain ne fût aussi ministériel que vous ou aussi contradictoire avec lui-même !

Si nous voulons qu'on nous croie, si nous voulons avoir quelque influence sur les esprits, la première de toutes les necessités, c'est d'être conséquens avec nous-mêmes. Convenez que la hausse des fonds publics est due à la décroissance des revenus de l'agriculture et des ressources commerciales ; revenez à la réalité, vos couleurs seront naturelles, vos plaintes seront légitimes, votre libéralisme raisonnable ! mais vouloir à la fois, improuver les principes et louer les résultats, est une tâche que les flatteurs du pouvoir eux-mêmes n'oseraient entreprendre, et qu'ils ne pourraient accomplir !

Et qui pourrait, dans l'état de misère où descend chaque jour la population de ce département malgré la paix qui seule devrait suffire à l'enrichir, qui pourrait soutenir que sa prospérité s'est accrue en raison de la hausse des fonds publics ! le contraire n'est-il pas certain ? la gêne des propriétaires, l'inactivité des chantiers, la baisse des marchandises, la stagnation de notre Bourse, les fausses spéculations auxquelles on s'est livré plutôt que de ne rien faire, tous ces signes de décadence ne prennent-ils pas un caractère plus prononcé depuis trois ans, époque où commença la hausse des fonds ! pourquoi nier l'évidence ? pourquoi raisonner contre les faits ? ne serait-ce pas une sorte d'ironie déplaisante pour les masses, de leur soutenir qu'elles sont heureuses, parce qu'il y a quelques exceptions en faveur de certains individus ? Dans les temps les plus funestes, n'a-t-on pas vu s'élever honorablement quelques fortunes rapides, qui n'ont d'autre effet que de rendre le contraste plus frappant et plus amer ? sous le système continental lui-même, les licences n'ont-elles pas enrichi quelques maisons, par l'effet même des prohibitions qui anéantissaient le commerce en général ? Oh ! que si l'on pouvait réunir les balances de toutes les maisons de Bordeaux depuis trois ans, qu'on verrait dans l'ensemble un triste résultat! Oh! que si l'on pouvait vérifier l'état de toutes les fortunes foncières depuis cette époque, qu'on serait loin d'y trouver une amélioration ! Et quand la plainte est universelle, pourquoi chercher à l'étouffer sous les acclamations d'une joie peu raisonnée ! d'une joie qui n'aurait d'autre effet que d'encenser, involontairement sans doute, le pouvoir ministériel dont la fausse politique consomme notre ruine !

Et, puisque cette occasion nous est donnée de rompre le silence, profitons-en pour publier à notre tour quelques vues sur la marche générale du ministère.

Depuis que les élections ont débarrassé le ministère de l'opposition qui *désole*, sa marche est devenue, sinon plus franche, du moins beaucoup plus vive. On lui reprochait, dans les sessions précédentes, d'assembler les Chambres sans travail préparé, de sorte qu'elles languissaient dans une inactivité forcée. Il serait souverainement injuste de faire aujourd'hui le même reproche aux ministres. Dès l'ouverture des Chambres, elles ont été pour ainsi dire accablées d'une multitude de projets de loi. Chaque ministre a porté son tribut. Jusqu'à présent M. de Châteaubriant est le seul en retard. Sans doute il réserve pour quelque occasion bien importante les brillantes ressources de son éloquence romantique. La petite loi pour la punition des vols sacriléges aurait cependant été fort bien placée sous l'égide du génie du christianisme et des martyrs, et nous ne concevons pas pour quels motifs M. le garde-des-sceaux a eu le pas dans cette carrière sacrée, sur l'écrivain qui s'est depuis long-long-temps constitué l'apôtre de toutes les mondanités religieuses! Est-ce pour avoir présidé le Conseil-d'État dans la séance où il déclara qu'il y avait abus dans la lettre pastorale de l'archevêque de Toulouse?

Quoiqu'il en soit, l'activité inaccoutumée des ministres prouve un fait important. C'est qu'en dépit des apparences, toute opposition réelle est désormais éteinte dans la Chambre, et devenue impossible par l'exclusion des députés libéraux. On nous flattait d'une opposition royaliste; mais, en prenant ce mot dans son acception aujourd'hui convenue en politique, il forme, avec le mot opposition, un contre-sens qui ne doit échapper à aucun esprit éclairé. Il est en effet impossible que le ministère et l'opposition partent des mêmes principes politiques, et que leur discussion soit profitable à l'État. Le royalisme tend à couvrir de nuages la source mystérieuse du pouvoir, et à renforcer son action. Le libéralisme, au contraire, tend à dépouiller de tout faux prestige l'origine du pouvoir, et à limiter son action par des intérêts communs, populaires ou démocratiques, peu nous importe l'expression. On conçoit donc une discussion sérieuse entre un ministère royaliste et une opposition libérale. Cette discussion, retenue dans les bornes de la prudence par un *sage équilibre électoral*, anime et fait mouvoir le mécanisme représentatif. Mais une opposition faite au pouvoir par les partisans du pouvoir, est une chimère, un non-sens politique. Il n'y a plus opposition ; il n'y a plus même discussion de droits partiels : il y a querelle de personnes, et voilà tout. C'est la lutte des ambitions décues contre les ambitions satisfaites, et de long-temps nous n'avons d'autre opposition à espérer.

Ceux qui liront avec attention le discours de M. de Labourdonnaie, se convaincront que nous devinons juste. La modération même dont s'est enveloppé cet orateur, décèle sa fasse position. Admettez que le projet de loi eût été présenté par M. Decaze, ou même par M. Lainé, vous auriez vu avec quelle autre véhémence, avec quelle autre force M. de Labourdonnaie l'aurait attaqué, en faisant cependant valoir les mêmes argumens ou à peu près. Mais, dans la situation où nous sommes, plus il y a d'irritation dans l'esprit de l'éloquent ami de M. Delalot, plus la politique exige qu'il se contraigne. Il peut attaquer quelques conséquences des doctrines des ministres qu'il combat, mais non leurs principes; car son seul but, quand il sera ministre à son tour, est de s'emparer des mêmes principes pour en forcer les conséquences. Électeurs abusés, ou trop facilement séduits, vous apprendrez bientôt ce que c'est qu'une opposition véritable, en la comparant à l'opposition factice à laquelle se trouveront confiés des intérêts qui ne sont pas les siens.

Le ministère n'attache pas, à beaucoup près, la même importance à tous ses projets de lois. Il en est peut-être quelques-uns qu'il a présentés uniquement *pour les faire rejeter* ou *considérablement modifier*, comme nous allons l'expliquer. Nous les divisons en projets principaux ou essentiels, et en projets accessoires dont il ferait volontiers le sacrifice. C'est par le principe qui règne dans ces projets que nous les distinguons. Nous regardons comme essentiel pour le ministère tous les projets de lois qui sont empreints d'une tendance à augmenter la fixité du pouvoir ou de ses ressources. Ainsi des députés pour *sept ans*, des conscrits pour *huit ans*, le monopole du tabac pour *dix ans*, un retranchement sur l'intérêt des rentes qui ne peut s'effectuer que d'ici à *deux ans*, voilà les projets principaux ; car, tous tendent à enraciner les ministres, à les lier à l'action future du gouvernement, et surtout à augmenter l'indépendance ministérielle, à la mettre, en quelque sorte, hors de discussion pour un certain laps de temps. Quant aux vols des vases sacrés, aux droits de mutation des liquides, aux droits de navigation, ce sont, pour le ministère, de petits objets en comparaison de ses grands intérêts. La loi sur les sacriléges est un sacrifice à la majorité de la chambre, sacrifice qui l'engagera peut-être à ne pas exiger davantage. Pour les droits de navigation et certaines clauses de la loi sur les boissons, elle peut les repousser sans trop fâcher les ministres : ils en feront généreusement l'abandon. Ils seront trop heureux, s'ils comprennent bien leur position, qu'une Chambre qui aura adopté l'intégralité des élections septennales ou quinquennales, la conscription pour huit ans, le monopole des tabacs pour dix ans, et le retranchement des rentes qui ne sera terminé que dans deux ans, acquière, même à leurs dépens, une sorte de popularité !

Chaque époque a un cachet particulier qui la distingue ; quelquefois on gouverne par la force cruelle, d'autrefois par la grandeur du génie, quelque fois on met en jeu un fanatisme quelconque, et l'on conduit les peuples irrités, de réactions en réactions, au risque d'en être soi-même dévoré tôt ou tard. D'autres fois encore, on gouverne comme Louis XII et Henri IV, par une bonté généreuse, par un instinct de bienfaisance et de popularité qui supplée à tout, qui remplace tout, même la science et le talent. Quel est maintenant le cachet de notre époque ? Il est difficile, mais non-impossible de répondre à cette question.

Si l'on voulait considérer le ministère comme homogène, comme ayant un système unique, provenant d'un accord parfait entre ses membres, on n'arriverait à aucune solution, parce qu'on partirait d'un fait faux. Mais si on veut voir les choses au vrai, c'est-à-dire d'un côté des ministres dont certains ont la prétention avouée ou secrette de primer, et dont l'action véritable est à peu près nulle ; et de l'autre, un ministre qui n'agit presque pas, et qui fait tout ; un ministre qui seul est en butte à toutes les attaques, et qui résiste à tout ; un ministre qui s'est fait une réputation de clarté et de bonne foi, quoiqu'il soit impossible d'apercevoir son véritable but, et quoique tous ses anciens amis l'accusent de les avoir trompés, on aura le mot de l'énigme, et l'on sera convaincu que le talisman du pouvoir est aujourd'hui *la finesse* bien plus la force ; *la subtilité* des vues bien plus que leur solidité ; *le génie de l'esprit* bien plus que le génie de l'ame ; en un mot, *le savoir-faire* bien plus que le véritable savoir.

Si l'on veut examiner tous les actes du pouvoir actuel en partant de cette donnée, on aura facilement l'explication de ses succès, depuis le moment où MM. de Villèle, de Corbière et Lainé se glissèrent au ministère sans portefeuille, pour acquérir tous les portefeuilles au parti qui les dé-

putait , jusqu'au moment où M. Lainé
est monté de chute en chute à la pairie,
pour débarrasser entièrement les collègues
qui lui doivent leur puissance, d'un auxi-
liaire devenu incommode, précisément
parce qu'il ne pouvait pas se prêter à des
calculs de *finesse*, qui s'accordent mal avec
la nature de son talent et de son caractère, dont les emportemens involontaires
l'entraînent a des accès de franchise con-
traires à l'ensemble de la politique actuelle.

Il faut convenir, cependant, que cette
finesse, cette subtilité, ce savoir-faire, sont
par fois mis à de rudes épreuves. La discussion sur la loi de finances, en présente
un exemple frappant. Voyez avec quel
courage M. de Villèle emploie son talent
à paraître n'en pas avoir ! Voyez dans quel
cercle de sophismes peu spécieux il s'en-
velope ; voyez combien de fois il semble
ébranler à plaisir les bases du crédit public, pour cacher son véritable dessein,
qui est d'occasionner, quand le moment
sera venu, une hausse la plus forte et
la plus rapide qu'on ait encore vue ! Pensez
à quel excès d'abnégation de lui-même, il
faut qu'il soit momentanément parvenu,
lui ministre des finances, pour annoncer

publiquement qu'on ne peut toucher au fonds de l'amortissement quoique la rente soit au-dessus de 100 fr., et qu'on sera toujours libre à l'avenir de s'emparer de ces fonds si, dans quelques circonstances fâcheuses, l'état préférait ce mode de pourvoir à ses besoins, à des emprunts devenus trop onéreux ! Fût-il jamais une profession de principes plus extraordinaires. Quoi ! c'est quand vous proclamez votre prospérité, quand vos créanciers jouissent de la hausse, quand le rachat est onéreux à l'état, le cours étant très-élevé, que vous craignez de restreindre l'action de l'amortissement, de peur de nuire au crédit public et aux rentiers? Et vous annoncez que vous pourrez vous emparer des fonds d'amortissement, quand? dans quelles circonstances? Lorsque le gouvernement préférera cette ressource à celle de quelqu'emprunt très-onéreux, c'est-à-dire dans un moment de baisse, dans un moment où l'amortissement serait très-profitable à l'état, et indispensable aux porteurs des titres, ruinés à la fois par la retenue d'intérêts que vous opérez, et par la baisse que vous prévoyez possible dans l'avenir ! Dans un moment où il conviendrait de doubler la force de l'amortissement, bien plutôt que de le ralentir ! Dans un moment où sa suspension serait une intolérable calamité !

Or, nous le demandons avec confiance, est-il possible qu'un homme d'état, aussi distingué que M. de Villèle, soit disposé à adopter une pareille mesure (1) ? Non, personne ne peut le croire; et le comble de sa *finesse*, dans cette lutte, qui au fond n'en est pas une, est de donner à des auditeurs, convaincus à l'avance, des raisons faibles ou même mauvaises, qui seront inévitablement trouvées bonnes dans sa bouche. Ce n'est pas à la tribune que les majorités se font quand une nation est réduite à être gouvernée par finesse.

Néanmoins nous ne voulons pas prétendre que l'empire de la finesse soit éternel : il pourra quelque jour avoir le sort des rentes dites *perpétuelles*, et souffrir une réduction notoire, s'il s'élevait trop haut. M. de Chateaubriand, qui sans doute présentera le projet de loi sur l'indemnité des

---

(1) Il est juste de dire que M. de Villèle s'en est expliqué depuis, et a déclaré que, dans son opinion, une pareille mesure était mauvaise, malgré l'exemple de l'Angleterre.

émigrés, a probablement aussi quelque dessein dans le choix qu'il a fait de cette thèse difficile et principale, car il aura besoin de beaucoup d'art oratoire pour persuader aux rentiers que les millions qu'on donnera aux émigrés, ne sont pas les millions qu'on retranche aux possesseurs des fonds publics, sur les intérêts que leur paie l'état. Il lui sera également difficile de prouver aux propriétaires fonciers, que l'impôt est dégrévé de vingt-huit millions, parce qu'on change l'emploi de cette somme. Il est possible que M. de Villèle soit enchanté de jeter cette tâche pénible sur son noble collégue, sur son compétiteur à la suprématie ministérielle. N'y a-t-il pas de la *finesse* à faire, lui ministre des finances, l'économie des 28 millions, et à laisser soutenir la mesure qui anéantira cette économie, par le ministre des affaires étrangères ? Oui, très-certainement, c'est fort bien calculé. Mais voici le revers de la médaille. Si M. de Châteaubriand a la difficulté à vaincre, il aura ensuite l'immense avantage de l'avoir vaincue ; son influence en deviendra d'autant plus grande auprès de son parti, qui préférera de beaucoup le ministre qui fera sanctionner le *principe* d'une indemnité qu'il regardera tôt ou tard comme un *à-compte*, à celui qui n'aura fait que préparer matériellement les fonds nécessaires, par un revirement de finances.

On voit donc que dans la lutte occulte qui est la seule véritable, c'est par la finesse que chacun veut triompher. Les chances néanmoins sont encore en faveur de M. de Villèle ; mais il y a trop long-temps qu'il gane à ce jeu, il faut finir par perdre : à moins d'être plus que fin, on ne peut pas toujours *passer*, à l'écarté ministériel

Mais au milieu de toutes ces petitesses, qui décident de si grands intérêts, quel spectacle présente la nation française, ce peuple le premier de l'Europe et du monde, conduit de mystifications en mystifications par un ministère qui ne lui fait pas l'honneur de le diriger avec une certaine noblesse, avec une certaine grandeur, qui rendrait sa situation non plus heureuse, mais moins humiliante ! Un peuple si renommé par la perspicacité de son esprit, perpétuellement en butte à des charlatanismes mal tissus, à des finesses qu'un enfant pourrait percer, à des paroles vides de sens, pour remplacer les réalités qu'on lui ôte ! certes, il faut le proclamer le plus confiant, le plus crédule, le plus stupide des peuples., s'il croit au bonheur présent et futur dont le ministère lui présente le tableau trompeur ; et puisse-t-il, endormi sur la foi de cette prospérité mensongère, ne pas se réveiller un jour un jour esclave et dépouillé !

Bordeaux, le 2 Mai 1824.

H. F.

P. S. Depuis que ces lignes ont été livrées à l'impression, la discussion a produit des éclaircissemens qui confirment notre manière de voir.

M. de Villèle est convenu de l'augmentation de la dette, et a consenti un amendement *mitigé*, proposé par M. Leroy, afin d'atténuer ce vice du projet, en créant des 4 pour cent à 100 fr. et des 3 pour cent à 75 fr. Cet amendement rappelle beaucoup trop celui de **M.** Boin sur la loi des élections. Il nous faut du neuf, les mêmes manoeuvres ne réussissent pas deux fois. Ce n'est plus un double vote, c'est une double rente : il y en aurait pour tous les goûts.

On a voulu simuler la part des agioteurs, et la part des véritables rentiers : c'est une *finesse* de plus ; mais elle n'a pas aussi bien réussi que la première.

M. de Villèle a prétendu qu'on avait tort d'accuser le projet de favoriser l'agiotage, et a demandé en quoi *l'agiotage pouvait s'exercer sur un effet plutôt que sur un autre.* Ah ! Monseigneur, vous manquez de mémoire ! Vous avez dit que vous étiez forcé de créer des 3 pour cent à 75 fr. , parce qu'aucune compagnie n'aurait voulu des 4 pour cent à 100 fr. ; ce qui est exactement la même chose. Vous nous dites aujourd'hui que vous ne pourriez placer des 4 pour cent même à 96, ce qui serait pourtant porter l'intérêt plus haut : il y a donc, dans les 3 pour cent à 75, un attrait de plus, et quel est cet attrait sinon les chances favorables à l'agiotage ?

Au surplus, M. de Villèle et M. le rapporteur ont persisté dans leur système hostile au crédit public, M. le rapporteur a dit qu'une débacle de bourse n'intéressait personne ; M. de Villèle a affirmé que les joueurs actuels y laisseraient leur fortune. Ces Messieurs voudraient absolument ramener la rente à 100 fr. , parce que si elle se maintient plus haut, leur injustice est plus palpable, et leur opération plus difficile.

M. le rapporteur de la commission a démontré plus fortement encore l'hostilité du système actuel contre le commerce, en soutenant qu'il n'avait pas besoin de débouchés, parce que nous avions plus de consommateurs sans denrées, que de denrées sans consommateurs.

Jusqu'à présent tout le monde était convaincu du contraire : on croyait généralement que l'agriculture et l'industrie françaises produisaient beaucoup plus que nous ne pouvions consommer. On croyait aussi que le seul moyen d'établir une balance favorable à notre patrie, était de lui offrir des débouchés pour écouler l'excédent de ses produits sur sa consommation. M. le rapporteur change tout d'un coup les principes de l'économie politique et commerciale, et il est facile de voir quel serait l'avenir de la France agricole et commerçante, si son système était adopté !

Mais encore pourrait-on lui répondre (en supposant que de pareilles hérésies nécessitassent une réponse) : pourquoi vos consommateurs n'ont-ils pas de denrées? ce n'est pas que les denrées manquent, c'est parce qu'ils n'ont pas d'argent pour en acheter. Pourquoi n'ont-ils pas d'argent ? c'est parce qu'ils n'ont pas de travail pour en gagner. Pourquoi n'ont-ils pas de travail ? parce que le commerce manque d'activité. Pourquoi le commerce manque-t-il d'activité ? parce qu'il n'a pas de débouchés. Vous nous parlez de canaux, de circulation intérieure ?.... Ah ! M. le rapporteur, sommes-nous donc revenus au système continental ? vos douanes et votre diplomatie ont-elles mis notre commerce en *état de blocus?* Prenez garde à ce que vous dites. Ceci n'est point une *finesse:* c'est, au contraire, une maladresse insigne !

Croyez-vous, d'ailleurs, en rendant les capitaux plus abondans, procurer de l'argent aux individus qui ne consomment pas aujourd'hui *faute de moyens?* Trouveront-ils à emprunter ? Pas du tout ; car ils n'offrent aucune garantie aux prêteurs, qui ne prêtent pas leur argent pour qu'on le consomme, mais pour qu'on l'utilise ! C'est donc du travail que la société toute entière vous demande à grands cris, et vous ne lui en donnerez jamais sans débouchés extérieurs ! C'est ce que tout l'argent et tous

les papiers du monde ne remplaceront
jamais.

Nouvelle preuve à l'appui de notre avis
sur la nature de l'opposition actuelle :
M. Dudon, l'un de ses chefs, a déclaré
qu'il ne regardait pas la nécessité d'une
opposition comme inhérente au gouvernement représentatif ; cela confirme pleine-
ment notre observation, que l'opposition
véritable est maintenant éteinte. Tout se
réduit à savoir qui sera ministre !